D0773573

BLAZERS
Bilingüe/Bilingual

Las Fuerzas Armadas de EE.UU./ The U.S. Armed Forces

Las Operaciones Especiales del Ejército de EE.UU./

The U.S. Army Special Operations

por/by Angie Peterson Kaelberer

Consultora de Lectura/Reading Consultant:
Barbara J. Fox
Especialista en Lectura/Reading Specialist
Universidad del Estado de Carolina del Norte/
North Carolina State University

Capstone
press®

Mankato, Minnesota

Blazers is published by Capstone Press,
151 Good Counsel Drive, P.O. Box 669, Mankato, Minnesota 56002.
www.capstonepress.com

Library of Congress Cataloging-in-Publication Data
Kaelberer, Angie Peterson.
    [U.S. Army Special Operations. Spanish & English]
    Las Operaciones Especiales del Ejército de EE.UU./por Angie Peterson Kaelberer =
The U.S. Army Special Operations/by Angie Peterson Kaelberer.
        p. cm.—(Blazers—Las Fuerzas Armadas de EE.UU. = Blazers—The U.S.
Armed Forces)
        Includes index.
        ISBN-13: 978-0-7368-7748-0 (hardcover : alk. paper)
        ISBN-10: 0-7368-7748-7 (hardcover : alk. paper)
        1. Special forces (Military science)—United States—Juvenile literature. 2. United
States Army Special Operations Command—Juvenile literature. I. Title. II. Title: U.S.
Army Special Operations.
    UA34.S64K3418 2007
    356'.160973—dc22   2006027472

Summary: Describes the missions, weapons, and equipment of the U.S. Army Special
Operations—in both English and Spanish.

Editorial Credits

Juliette Peters, set designer; Enoch Peterson and Steve Christensen, book designers;
    Jo Miller, photo researcher; Scott Thoms, photo editor; Strictly Spanish, translation
    services; Saferock USA, LLC, production services

Photo Credits

AP/Wide World Photos/Brennan Linsley, 27
Corbis/Annie Griffiths Belt, 15; Reuters, 19, 21 (bottom); SYGMA/Patrick
    Durand, 11
Corel, cover (background)
DVIC/Michael Lemke, 14
Getty Images Inc./Erik S. Lesser, 13 (top); Staff Sgt. Cherie A. Thurlby, USAF,
    21 (top); Time Life Pictures/Steve Liss, 22
Photo by Ted Carlson/Fotodynamics, cover (helicopter), 13 (bottom), 16–17,
    20, 23, 25, 28–29
U.S. Army/Nancy Fischer, 6, 7, 9 (both); SSG Amanda C. Glenn, 5, 8, 12
William B. Folsom, cover (soldier)

**Capstone Press thanks Walter Sokalski Jr., Deputy Public Affairs Officer,
U.S. Army Special Operations Command, Fort Bragg, North Carolina, for
his assistance with this book.**

1 2 3 4 5 6 12 11 10 09 08 07

Table of Contents

Tabla de contenidos

Special Operations in Action

Army Special Operations Rangers drop from a Black Hawk helicopter. The Rangers are on a rescue mission.

Operaciones Especiales en acción

Los Rangers de Operaciones Especiales del Ejército descienden de un helicóptero Black Hawk. Los Rangers van a una misión de rescate.

MH-60 Black Hawk/
MH-60 Black Hawk

★★★★★★★★★★★★★

One Ranger stays on the roof. He guards the other Rangers as they climb to the ground. On the ground, another Ranger aims his M-249 weapon.

Un Ranger se queda en el techo. Vigila a los otros Rangers mientras ellos bajan al suelo. En el suelo, otro Ranger apunta con su arma M-249.

Carl Gustov antitank weapon/
Arma antitanques Carl Gustov

6

M-249 weapon/
Arma M-249

BLAZER FACT

By law, only men can attend the Special Forces Qualification Course or Ranger School.

DATO BLAZER

Por ley, sólo los hombres pueden asistir al Curso de Calificación para Operaciones Especiales o la Escuela para Rangers.

Ranger Special Operations Vehicle/Vehículo de Operaciones Especiales de los Rangers

MH-47 Chinook helicopter/ Helicóptero Chinook MH-47

More Rangers arrive. They help rescue captured soldiers. When the mission is over, the Black Hawk picks up the Rangers. They return to their post.

Llegan más Rangers. Ayudan a rescatar a los soldados capturados. Cuando termina la misión, el helicóptero Black Hawk recoge a los Rangers. Regresan a su campamento.

Missions

The Army calls Special Operations units "Special Ops." The Special Ops soldiers perform dangerous missions.

Misiones

El Ejército llama en inglés "Special Ops" a las unidades de Operaciones Especiales. Los soldados de Operaciones Especiales realizan peligrosas misiones.

Green Berets/Boinas Verdes

Special Ops includes different groups. Green Berets lead surprise attacks. Rangers do rescues and make airfields safe. Night Stalkers often fly in darkness.

Las unidades de Operaciones Especiales incluyen a diferentes grupos. Los Boinas Verdes dirigen ataques sorpresivos. Los Rangers realizan rescates y protegen los campos aéreos. Los Acechadores Nocturnos a menudo vuelan en la oscuridad.

Army Rangers/Rangers del Ejército

Night Stalkers/Acechadores Nocturnos

13

Not all soldiers can serve in Special Ops units. Soldiers go through weeks of difficult tests and training. They work hard to become Special Ops members.

No todos los soldados pueden ser parte de las unidades de Operaciones Especiales. Los soldados pasan por semanas de difíciles pruebas y entrenamiento. Trabajan arduamente para convertirse en miembros de Operaciones Especiales.

Rescue training/
Entrenamiento de rescate

Rope course/Campo de sogas

BLAZER FACT

Each Special Forces soldier can speak at least one language other than English.

DATO BLAZER

Todos los soldados de las Fuerzas Especiales hablan al menos otro idioma además de inglés.

M-134 Minigun/
Miniarma M-134

Power supply plug/
Conexión de corriente

Bullets/Balas

Bullet cartridges/Cartuchos

Gunner/Artillero

Weapons, Vehicles, and Equipment

Special Ops soldiers use Humvees to move from place to place. Guns are mounted on these vehicles.

Armamento, vehículos y equipo

Los soldados de Operaciones Especiales usan Humvees para trasladarse de un lugar a otro. Hay armas montadas sobre estos vehículos.

Humvee/Humvee

★★★★★★★★★★★

MH-47E Chinook helicopter/Helicóptero Chinook MH-47E

Special Ops soldiers travel in helicopters and airplanes. They jump into enemy territory. Parachutes help them land safely on the ground.

Los soldados de Operaciones Especiales viajan en helicópteros y en aviones. Saltan sobre territorio enemigo. Los paracaídas los ayudan a tocar tierra sin lastimarse.

C-5 Galaxy airplane/Avión C-5 Galaxy

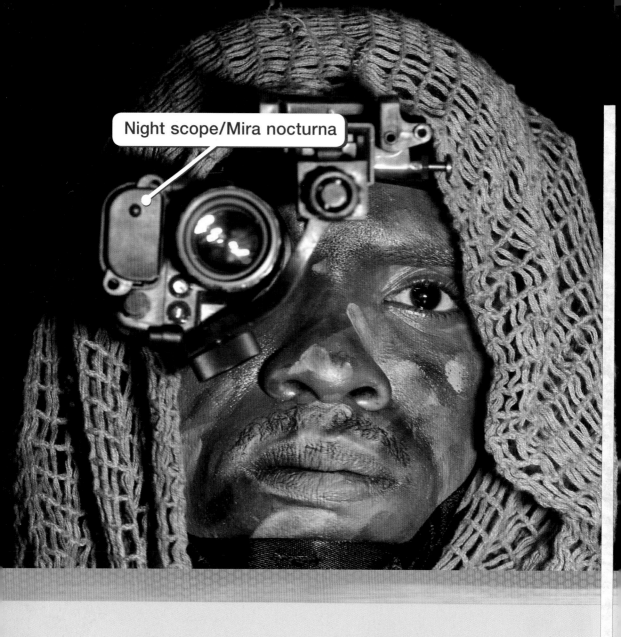

Night scope/Mira nocturna

Night vision goggles and night scopes help soldiers see in the dark. Special Ops soldiers use ropes to drop into enemy territory from helicopters.

MH-60L Black Hawk/
Helicóptero MH-60L Black Hawk

BLAZER FACT

The movie *Black Hawk Down* tells the story of Rangers who rescued U.S. soldiers in Somalia.

DATO BLAZER

La película llamada *Black Hawk Down* cuenta la historia de los Rangers que rescataron a soldados estadounidenses en Somalia.

Los lentes de visión nocturna y las miras nocturnas ayudan a los soldados a ver en la oscuridad. Los soldados de Operaciones Especiales usan sogas para descender sobre territorio enemigo desde los helicópteros.

Special Ops Jobs

Special Ops members have different jobs. Some are engineers or pilots. Others are medics or radio operators.

Empleos de Operaciones Especiales

Los miembros de las unidades de Operaciones Especiales tienen diferentes empleos. Algunos son ingenieros o pilotos. Otros son paramédicos u operadores de radio.

Special Ops units have both officers and enlisted members. Officers have more education and training. All Special Ops members help keep the United States safe.

Las unidades de Operaciones Especiales tienen oficiales y suboficiales. Los oficiales tienen más educación y entrenamiento. Todos los miembros de las unidades de Operaciones Especiales ayudan a proteger a Estados Unidos.

ARMY RANKS/ RANGOS DEL EJÉRCITO

★ ★ ★ ★ ★ ★ ★ ★ ★ ★ ★ ★ ★ ★ ★ ★ ★ ★

ENLISTED/SUBOFICIALES
Private/Soldado Raso
Specialist/Especialista Corporal
Sergeant/Sargento

OFFICERS/OFICIALES
Lieutenant/Teniente
Captain/Capitán
Major/Mayor
Colonel/Coronel
General/General

MH-6 Little Bird helicopters/ Helicópteros MH-6 Little Bird

Glossary

enlisted member—a member of the military who is not an officer

medic—a soldier who is trained to give medical help

mission—a military task

officer—a soldier who directs enlisted members in their duties

parachute—a large piece of strong, lightweight cloth; parachutes allow people to jump from high places and float safely to the ground.

weapon—anything used when fighting; guns, tanks, and bombs are weapons.

Internet Sites

FactHound offers a safe, fun way to find Internet sites related to this book. All of the sites on FactHound have been researched by our staff.

Here's how:

1. Visit *www.facthound.com*
2. Choose your grade level.
3. Type in this book ID **0736877487** for age-appropriate sites. You may also browse subjects by clicking on letters, or by clicking on pictures and words.
4. Click on the **Fetch It** button.

FactHound will fetch the best sites for you!

Glosario

el arma—cualquier cosa utilizada en combate: los rifles, los tanques y las bombas son armas

la misión—una tarea militar

el oficial—un miembro del ejército que dirige a los suboficiales en sus labores

el paracaídas —una pieza grande de tela resistente y ligera; los paracaídas permiten a las personas saltar desde lugares altos y flotar de manera segura hasta tocar tierra.

el paramédico—un soldado entrenado para prestar ayuda médica

el suboficial—un miembro del ejército que no es oficial

Sitios de Internet

FactHound proporciona una manera divertida y segura de encontrar sitios de Internet relacionados con este libro. Nuestro personal ha investigado todos los sitios de FactHound. Es posible que los sitios no estén en español.

Se hace así:

1. Visita *www.facthound.com*
2. Elige tu grado escolar.
3. Introduce este código especial **0736877487** para ver sitios apropiados según tu edad, o usa una palabra relacionada con este libro para hacer una búsqueda general.
4. Haz clic en el botón **Fetch It.**

¡FactHound buscará los mejores sitios para ti!

Index

Índice

7/14 ③ 2/13